CHINESE MADE EASY FOR KIDS

4 Textbook

Simplified Characters Version

轻松学汉语 少儿版（课本）

Yamin Ma

Joint Publishing (H.K.) Co., Ltd.

三联书店（香港）有限公司

Chinese Made Easy for Kids (*Textbook 4*)

Yamin Ma

Editor	Luo Fang
Art design	Arthur Y. Wang, Annie Wang, Yamin Ma
Cover design	Arthur Y. Wang, Zhong Wenjun
Graphic design	Zhong Wenjun
Typeset	Zhong Wenjun, Zhou Min

Published by
JOINT PUBLISHING (H.K.) CO., LTD.
Rm. 1304, 1065 King's Road, Quarry Bay, Hong Kong

Distributed in Hong Kong by
SUP PUBLISHING LOGISTICS (HK) LTD.
3/F., 36 Ting Lai Road, Tai Po, N.T., Hong Kong

First published January 2006
Fourth impression April 2010
Copyright ©2006 Joint Publishing (H.K.) Co., Ltd.

E-mail:publish@jointpublishing.com

轻松学汉语 少儿版 （课本四）

编　著　马亚敏

责任编辑	罗　芳
美术策划	王　宇　王天一　马亚敏
封面设计	王　宇　钟文君
版式设计	钟文君
排　　版	钟文君　周　敏

出　　版	三联书店（香港）有限公司 香港鰂鱼涌英皇道1065号1304室
香港发行	香港联合书刊物流有限公司 香港新界大埔汀丽路36号3字楼
印　　刷	中华商务彩色印刷有限公司 香港新界大埔汀丽路36号14字楼
版　　次	2006年1月香港第一版第一次印刷 2010年4月香港第一版第四次印刷
规　　格	大16开(210×260mm)128面
国际书号	ISBN 978-962-04-2523-3

© 2006 三联书店（香港）有限公司

Acknowledgements

The author is grateful to all the following people who have helped to bring the books to publication:

- 李昕先生 、陈翠玲女士 who trusted my ability and expertise in the field of Chinese language teaching and learning, and offered support during the period of publication.
- Editor, 罗芳, graphic designers, 钟文君 、周敏 、林敏霞 for their meticulous work. I am greatly indebted to them.
- Art consultants, Arthur Y. Wang and Annie Wang, whose guidance, creativity and insight have made the books beautiful and attractive. Artists, 龚华伟 、陆颖 、万琼 、顾海燕、Arthur Y. Wang and Annie Wang for their artistic ability in the illustrations.
- Ms. Xinying Li who gave valuable suggestions in the design of this series and contributed some exercises and rhymes. She also gave me constructive advice during the process of writing this series and proofread the manuscripts. I am very grateful for her encouragement and support for my work.
- Ms. Xinying Li and Edward Qiu who assisted the author with the sound recording.
- Finally, members of my family who have always supported and encouraged me to pursue my research and work on these books. Without their continual and generous support, I would not have had the energy and time to accomplish this project.

INTRODUCTION

- The primary goal of this series *Chinese Made Easy for Kids* is to help total beginners, particularly primary school students, build a solid foundation for learning Chinese as a second/foreign language. This series is designed to emphasize the development of communication skills in listening and speaking. The unique characteristic of this series is the use of the Communicative Approach, which also takes into account the differences between Chinese and European languages, in that the written Chinese characters are independent of their pronunciation.

- *Chinese Made Easy for Kids* is composed of 4 colour textbooks (Books 1 to 4), each supplemented by a CD and a workbook in black and white.

COURSE DESIGN

Chinese Made Easy for Kids (Books 1 to 4) have been written to provide a solid foundation for the subsequent use of *Chinese Made Easy* (Books 1 to 5).

- **Phonetic symbols and tones**

Children will be exposed to the phonetic symbols and tones from the very beginning. The author believes that children will overcome temporary confusion within a short period of time, and will eventually acquire good pronunciation and intonation of Mandarin with on-going reinforcement of pinyin practice. Throughout, pinyin is printed in light blue or grey above each character, to draw children's attention to the characters.

- **Chinese characters**

Chinese characters in this series are taught according to the character formation system. Once the children have a good grasp of radicals and simple characters, they will be able to analyze most of the compound characters they encounter, and to memorize new characters in a logical way.

- **Vocabulary and sentence structures**

Children at this age tend to learn vocabulary related to their environment. Therefore, the chosen topics are: family members, animals, food, colours, clothing, daily articles, school facilities, modes of transport, etc. The topics, vocabulary and sentence structures in previous books will reappear in later books of this series to consolidate and reinforce memory.

- **Textbook: listening and speaking skills**

The textbook covers new vocabulary and simple sentence structures with particular emphasis on listening and speaking skills. Children will develop oral communication skills through audio exercises, dialogues, questions and answers, and speaking practice. In order to reinforce and consolidate knowledge, the games in the textbook are designed to create a fun learning environment. The accompanying rhymes in the textbook mainly consist of new vocabulary in each lesson to aid language acquisition.

- **Workbook: character writing and reading skills**

A variety of exercises are carefully designed to suit the children's ability. The children will be expected to trace and copy characters, and to develop reading skills by reading phrases, sentences and short paragraphs. The difficulty level of the exercises gradually increases as the children become more confident in their ability to use Chinese.

COURSE LENGTH

- This series is designed for primary 1 to 6 students. With one lesson daily, able and highly motivated children might complete one book within one academic year. At the end of Book 4, they can move on to the series *Chinese Made Easy* (Books 1 to 5) previously published. As the four books of this series are continuous and ongoing, each book can be taught within any time span.

HOW TO USE Chinese Made Easy for Kids

Here are a few suggestions from the author:

The teacher should:

- provide every opportunity for the children to develop their listening and speaking skills. A variety of speaking exercises included in the textbook can be modified according to the children's ability
- go over the phonetic exercises in the textbook with the students. At a later stage, the children should be encouraged to pronounce new pinyin on their own
- emphasize the importance of learning basic strokes and stroke order of characters. The teacher should demonstrate the stroke order of each character to total beginners. Through regular practice of counting strokes of characters, the children will find it easy to recognize the old and new characters
- guide the children to analyze new characters and encourage them to use their imagination to aid memorization
- modify the games in the textbook according to children's abilities
- skip, modify or extend some exercises according to the children's levels. A wide variety of exercises in the workbook can be used for both class work and homework
- encourage children to recite times table attached at the end of Book 3 and 4 of this series. The author believes that being able to recite the Chinese times table will facilitate the children's learning of multiplication.

The children are expected to:

- trace the new characters in each lesson
- memorize radicals and simple characters
- recite the rhyme in each lesson
- listen to the recording of the text a few times in Book 3 and 4, and tell the story if they can. As these texts are in picture book form, the children should find them appealing.

The text for each lesson, the audio exercises, phonetic symbols and rhymes are on the CD attached to the textbook. The symbol indicates the track number. For example, (CD)T1 is track one.

Yamin Ma

January 2006, Hong Kong

CONTENTS

dì yī kè
第一课
guó jiā
国家

CUTI

1 xiǎo guāng dào guo hěn duō guó jiā
小 光 到 过 很 多 国 家。

2

tā dào guo xī bān yá
他 到 过 西 班 牙。
tā wài gōng　　wài pó zhù
他 外 公、外 婆 住
zài nà li
在 那 里。

3

tā dào guo xīn jiā pō
他 到 过 新 加 坡。
tā qù nàr　　kàn tā yé
他 去 那 儿 看 他 爷
ye　　nǎi nai
爷、奶 奶。

4

tā dào guo ào dà lì yà　　tā
他到过澳大利亚。他
shū shu zài nà li shàng dà xué
叔叔在那里上大学。

5

tā dào guo yì dà lì　　tā
他到过意大利。他
gū gu zài nà li gōng zuò
姑姑在那里工作。

6

tā wèn bà ba　　yuè liang
他问爸爸："月亮
shang yǒu shén me guó jiā
上有什么国家？"

New words:

1 dào
到 arrive; go to

2 guò
过 indicating an action completed

dào guo
到过 have been to

3 guó jiā
国家 country

4 xī bān yá
西班牙 Spain

5 nà li
那里 there

6 xīn
新 new

7 jiā
加 add

8 pō
坡 slope

xīn jiā pō
新加坡 Singapore

9 ào
澳 short for Australia

10 yà
亚 short for Asia

ào dà lì yà
澳大利亚 Australia

11 liàng
亮 bright

yuè liang
月亮 moon

1 Say in Chinese.

rì
EXAMPLE: 日

2 Speaking practice.

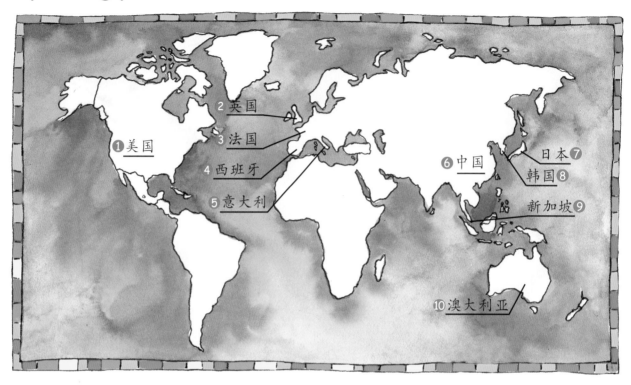

② 英国

③ 法国

① 美国

④ 西班牙

⑤ 意大利

⑥ 中国

日本 ⑦

韩国 ⑧

新加坡 ⑨

⑩ 澳大利亚

Task 1: Say the country names in Chinese.

Task 2: Say one sentence about each country.

EXAMPLE:
zhōng guó
中 国

zhōng guó rén shuō hàn yǔ
中 国 人 说 汉 语。

3 Recite the times table on page 120.

yī yī dé yī
一 一 得 一。

4 **Learn the characters.**

máo
毛
hair; wool

① ②

yá
牙
tooth

5 **Ask your classmates the following questions.**

Questions	Tally
nǐ dào guo zhōng guó ma 1) 你到过中国吗？	正
nǐ dào guo měi guó ma 2) 你到过美国吗？	二
nǐ dào guo hán guó ma 3) 你到过韩国吗？	⊘
nǐ dào guo rì běn ma 4) 你到过日本吗？	⊗
nǐ dào guo fǎ guó ma 5) 你到过法国吗？	⊗
nǐ qù guo xīn jiā pō ma 6) 你去过新加坡吗？	卌 丨 六
nǐ qù guo ào dà lì yà ma 7) 你去过澳大利亚吗？	丨丨

Report back to the class:

wǔ ge tóng xué qù guo zhōng guó
五个同学去过中国⋯⋯

5

6 CD T2 Listen to the recording. Tick what is correct and cross what is incorrect.

7 Speaking practice.

Example:

wǒ jiào gāo xiǎo wén   wǒ jīn nián bā suì   wǒ
我叫高小文。我今年八岁。我
shàng sì nián jí   wǒ shì zhōng guó rén   wǒ zài
上四年级。我是中国人。我在
yīng guó chū shēng   wǒ huì shuō yīng yǔ   hàn
英国出生。我会说英语、汉
yǔ hé fǎ yǔ   wǒ qù guo
语和法语。我去过……

IT IS YOUR TURN!   Introduce yourself.

8 CD T3 **Listen, clap and practise.**

xī bān yá　　wǒ qù guo
西班牙，我去过，

wài gōng　　wài pó zhù zài nàr
外公、外婆住在那儿。

xīn jiā pō　　wǒ qù guo
新加坡，我去过，

yé ye　　nǎi nai zhù zài nàr
爷爷、奶奶住在那儿。

yuè liang shang　　shuí qù guo
月亮上，谁去过？

dà jiā dōu shuō méi qù guo
大家都说没去过。

9 **Game.**

INSTRUCTIONS:

1 The class is divided into small groups.

2 The teacher whispers a phrase to the first member of the group. The phrase is whispered along to the last member who is expected to repeat that phrase correctly.

3 If the last member of the group does not repeat the phrase correctly, this group is out of the game.

10 **Project.**

Draw a map of the world and mark the countries/places where your family members/friends live. Learn the names of these countries/places.

dì èr kè
第二课
chūn xià qiū dōng
春夏秋冬

 CD T4

běi jīng yì nián yǒu sì ge jì jié
1 北京一年有四个季节：

chūntiān
春天、

xià tiān
夏天、

qiū tiān hé
秋天和

dōngtiān
冬天。

běi jīng xiàn zài shì dōngtiān   qì wēn
② 北京现在是冬天，气温

zài líng xià wǔ dù zuǒ yòu
在零下五度左右。

New words:

① jì
季 season   jì jié
季节 season

② chūn
春 spring   chūntiān
春天 spring

③ xià
夏 summer   xià tiān
夏天 summer

④ qiū tiān
秋天 autumn

⑤ dōng
冬 winter   dōngtiān
冬天 winter

⑥ wēn
温 warm

qì wēn
气温 air temperature

⑦ líng xià
零下 below zero

⑧ dù
度 degree

⑨ zuǒ yòu
左右 around

9

1 Learn the characters.

bàn
半
half

①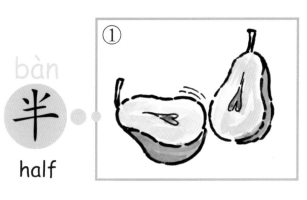

②

chǎng
厂
factory

2 Say in Chinese.

Example:

hàn shān
汗衫

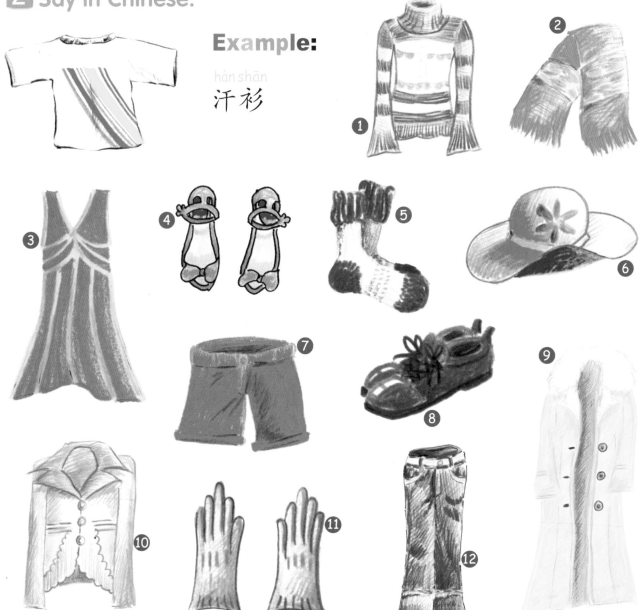

10

3 Recite the times table on page 120.

yī èr dé èr　èr èr dé sì
一二得二；二二得四。

4 Speaking practice.

shàng hǎi　duō yún
上海：多云 15℃

Example:

shàng hǎi jīn tiān duō yún
上海今天多云，
qì wēn zài shí wǔ dù zuǒ yòu
气温在十五度左右。

běi jīng　tiān qíng
北京：天晴 5℃

1

dōng jīng　xià xuě
东京：下雪 –5℃

2

lún dūn　máo máo yǔ
伦敦：毛毛雨 12℃

3

bā lí　duō yún
巴黎：多云 10℃

4

niǔ yuē　xià xuě
纽约：下雪 –10℃

5

xī ní　xià yǔ
悉尼：下雨 20℃

6

5 ⓒⓓ T5 Listen to the recording. Tick what is correct and cross what is incorrect.

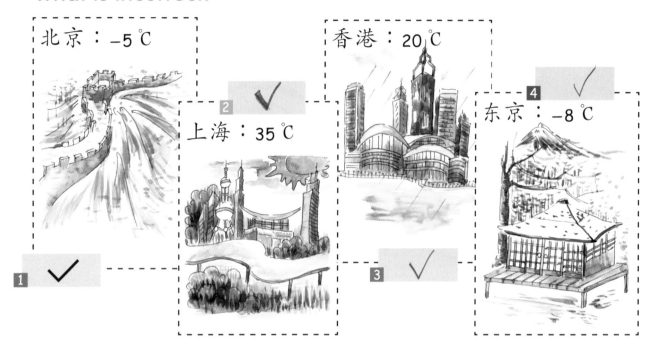

北京：−5℃

1 ✓

2 ✓
上海：35℃

香港：20℃

3 ✓

4 ✓
东京：−8℃

6 Speaking practice.

chūntiān
1) 春天：chūn tiān wǒ huì chuān chèn shān
春天我会穿衬衫……

xià tiān
2) 夏天：夏天我会穿 hàn shān

qiū tiān
3) 秋天：秋天我会罗 hàn shān

dōngtiān
4) 冬天：冬天我会穿长 hàn shān

7 Project.

Draw two pieces of clothing for aliens on other planets. Describe them to the class.

8 CD T6 Listen, clap and practise.

yì nián yǒu sì jì
一年有四季：

chūn xià hé qiū dōng
春夏和秋冬。

dōng tiān lěng　xià tiān rè
冬天冷，夏天热，

chūn tiān　qiū tiān　wǒ xǐ huan
春天、秋天，我喜欢！

9 Game.

INSTRUCTIONS:

1 The class is divided into small groups.

2 Each group is asked to write radicals.

3 The group writing more correct radicals than any other groups wins the game.

10 Speaking practice.

lún dūn jīn tiān duō yún　　qì wēn zài shí èr dù zuǒ yòu　　bù
Example: 伦敦今天多云，气温在十二度左右，不

lěng yě bú rè
冷也不热。

IT IS YOUR TURN!

Report the weather forecast of a particular place.

dì sān kè
第三课
shēng bìng
生病

1. xiǎo guāng duì yī shēng shuō
小光对医生说："我生
bìng le
病了。"

2. wǒ tóu tòng
"我头痛。"

3. wǒ ké sou
"我咳嗽。"

4. wǒ fā shāo
"我发烧。"

5. wǒ gǎn mào le
"我感冒了。"

14

6 yī shēng shuō nǐ bú yào qù
医 生 说："你 不 要 去
shàng xué le
上 学 了。"

7 xiǎo guāng shuō wǒ bìng hǎo
小 光 说："我 病 好
le wǒ yào qù shàng xué
了。我 要 去 上 学。"

New words:

1 病 bìng illness　生病 shēng bìng fall ill

2 医 yī doctor　医生 yī shēng doctor

3 痛 tòng ache　头痛 tóu tòng headache

4 咳 ké cough

5 嗽 sòu cough　咳嗽 ké sou cough

6 发 fā feel (something unpleasant)

7 烧 shāo burn　发烧 fā shāo have a fever

8 感 gǎn feel

9 冒 mào send out　感冒 gǎn mào cold; catch cold

10 要 yào want　不要 bú yào don't

1 Say in Chinese.

Useful words:

a) bí zi 鼻子

b) shǒu 手

c) tóu 头

d) yǎn jing 眼睛

e) tóu fa 头发

f) tuǐ 腿

g) jiǎo 脚

h) ěr duo 耳朵

i) yá chǐ 牙齿

j) zuǐ ba 嘴巴

k) shēn tǐ 身体

2 Learn the characters.

ěr
耳
ear

xīn
心
heart

3 Recite the times table on page 120.

yī sān dé sān   sān sān dé jiǔ
一三得三；……三三得九。

4 Say in Chinese.

Example:

gǎn mào
感冒

5 [CD T8] Listen, clap and practise.

wǒ jiā xiǎo dì di
我家小弟弟，

shēng bìng zài jiā li
生病在家里，

tóu tòng   ké sou hái fā shāo
头痛、咳嗽还发烧，

yòu kàn yī shēng yòu chī yào
又看医生又吃药。

6 Speaking practice.

Example:

tā bú pàng　　tā de liǎn yuán yuán de　　yǎn jing dà
他不胖。他的脸圆圆的，眼睛大

dà de　　　bí zi gāo gāo de　　zuǐ ba xiǎo xiǎo
大的，鼻子高高的，嘴巴小小

de　　　tā chuān hàn shān hé duǎn kù　　tā jiǎo shang
的。他穿汗衫和短裤。他脚上

chuān liáng xié
穿凉鞋。

① ② ③ ④

Useful words:

a) 矮 ǎi

b) 高 gāo

c) 瘦 shòu

d) 胖 pàng

e) 长 cháng

f) 短 duǎn

g) 卷发 juǎn fà

h) 直发 zhí fà

i) 眼镜 yǎn jìng

j) 穿 chuān

k) 戴 dài

7 CD T9 Listen to the recording. Tick what is correct and cross what is incorrect.

8 Say in Chinese.

Example:

bù
不

9 Ask your classmates the following questions.

1) 你家有几口人？有谁？
nǐ jiā yǒu jǐ kǒu rén yǒu shuí

2) 你今年几岁？你的生日是几月几号？
nǐ jīn nián jǐ suì nǐ de shēng rì shì jǐ yuè jǐ hào

3) 你爷爷、奶奶还在吗？他们多大岁数？
nǐ yé ye nǎi nai hái zài ma tā men duō dà suì shu

4) 你有姑姑、叔叔吗？他们住在哪儿？
nǐ yǒu gū gu shū shu ma tā men zhù zài nǎr

10 Read the notes below, draw pictures and say the names of these animals.

1

它身上的毛是黑的
tā shēnshang de máo shì hēi de

它有四条腿
tā yǒu sì tiáo tuǐ

它喜欢吃鱼
tā xǐ huan chī yú

2

它身上的毛很长
tā shēnshang de máo hěn cháng

它喜欢吃小动物
tā xǐ huan chī xiǎo dòng wù

它有四条腿
tā yǒu sì tiáo tuǐ

3

它的身体很大
tā de shēn tǐ hěn dà

它的眼睛圆圆的
tā de yǎn jing yuán yuán de

它喜欢在树上
tā xǐ huan zài shù shang

4

它的身体高大
tā de shēn tǐ gāo dà

它的鼻子很长
tā de bí zi hěn cháng

它的耳朵大大的
tā de ěr duo dà dà de

11 Game.

坐下！

Verbs:

kū 1) 哭	xiào 2) 笑	pǎo 3) 跑	tiào 4) 跳	jiào 5) 叫
pāi qiú 6) 拍球	kāi mén 7) 开门	guān mén 8) 关门	kāi chuāng 9) 开窗	guān dēng 10) 关灯
jìn lai 11) 进来	chū qu 12) 出去	kàn shū 13) 看书	shuā yá 14) 刷牙	shuì jiào 15) 睡觉
chī fàn 16) 吃饭	hē shuǐ 17) 喝水	tī qiú 18) 踢球	tán qín 19) 弹琴	kàn diàn shì 20) 看电视

12 Project.

Draw a picture of those aliens living in outer space. Describe to the class what they look like.

dì sì kè
第四课
wǒ de xué xiào
我的学校

zhè shì wǒ de xué xiào　　wǒ de xué
1 这是我的学校。我的学

xiào bú dà yě bù xiǎo
校不大也不小。

tǐ yù guǎn qián mian shì yóu yǒng chí
2 体育馆前面是游泳池。

zhè shì nǚ
4 这是女

cè suǒ
厕所。

diàn nǎo shì hòu mian shì xiǎo mài bù
3 电脑室后面是小卖部。

⑤ "我的小狗呢？" 天一问。

⑥ "我在这儿呢！" 小狗说。

New words:

① 前 front　前面 in front

② 游 swim

③ 泳 swim　游泳 swim

④ 池 pool　游泳池 swimming pool

⑤ 后 back　后面 at the back

⑥ 卖 sell

⑦ 部 unit; department　小卖部 tuck shop

⑧ 厕 toilet

⑨ 所 place　厕所 toilet

1 Say in Chinese.

EXAMPLE:

bēi zi zài zhuō zi shàngmian

杯子在桌子上面。

Position words:

shàng mian
a) 上 面

xià mian
b) 下 面

qián mian
c) 前 面

hòu mian
d) 后 面

lǐ miàn
e) 里 面

wài mian
f) 外 面

zuǒ miàn
g) 左 面

yòu miàn
h) 右 面

māo zài
猫在 _____ 。

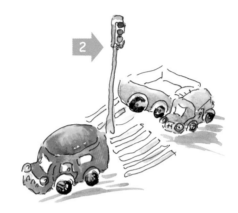

hóng chē zài
红车在 _____ 。

qiān bǐ zài
铅笔在 _____ 。

huáng chē zài
黄车在 _____ 。

xiǎo gǒu zài
小狗在 _____ 。

xiàng pí zài
橡皮在 _____ 。

zì xíng chē zài
自行车在 _____ 。

24

2 Learn the characters.

kāi

开

open

①

②

guān

关

close

3 Make short dialogues.

nǐ de fáng jiān li yǒu shén me
1) 你的房间里有什么？

nǐ de yī guì li yǒu shén me
2) 你的衣柜里有什么？

nǐ jiā kè tīng li yǒu shén me
3) 你家客厅里有什么？

nǐ de shū bāo li yǒu shén me
4) 你的书包里有什么？

EXAMPLE:

nǐ jiā shū fáng li yǒu shén me
A: 你家书房里有什么？

yǒu shū zhuō yǐ zi diàn huà
B: 有书桌、椅子、电话

jī děng děng
机等等。

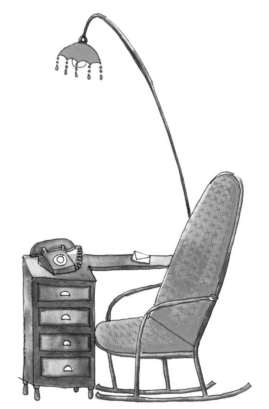

4 Describe the picture.

小卖部

zhè shì wǒ men de xué xiào　　wǒ men xué xiào yǒu
这是我们的学校。我们学校有⋯⋯

Useful phrases:

jiào shì	cāo chǎng	lǐ táng	tǐ yù guǎn	tú shū guǎn
a) 教室	b) 操场	c) 礼堂	d) 体育馆	e) 图书馆
yóu yǒng chí	xiǎo mài bù	cè suǒ		
f) 游泳池	g) 小卖部	h) 厕所		

5 CD T11 Listen to the recording. Tick what is correct and cross what is incorrect.

6 CD T12 Listen, clap and practise.

wǒ de jiào shì zài zhōng jiān
我 的 教 室 在 中 间 ：

zuǒ miàn shì yóu yǒng chí
左 面 是 游 泳 池 ，

yòu miàn shì nǚ cè suǒ
右 面 是 女 厕 所 ，

qián miàn shì dà cāo chǎng
前 面 是 大 操 场 ，

hòu mian shì xiǎo mài bù
后 面 是 小 卖 部 。

7 Group work: write a word for each radical.

1) 氵： 泳 2) 阝： 3) 火： 4) 广：

5) 疒： 6) 心： 7) 禾： 8) 日：

9) 斤： 10) 土： 11) 宀： 12) 口：

8 Say in Chinese.

EXAMPLE:

lái　qù
来　去

9 Recite the times table on page 120.

10 Game.

> **INSTRUCTIONS:**
>
> **1** The whole class may join the game.
>
> **2** The teacher names one item, and the students are expected to add more to the same category.
>
> **3** Those who do not add any or add wrong items are out of the game.

11 Project.

Draw your room and the things in it. Describe your room to the class.

dì wǔ kè
第五课
qǐng bǎ shū dǎ kāi
请把书打开

CD T13

qǐng ān jìng
1 请安静！

qǐng bǎ kè běn ná chū lai
2 请把课本拿出来！

qǐng bǎ shū dǎ kāi
3 请把书打开！

bú yào xiě le　　rèn zhēn tīng
4 不要写了。认真听。

30

5
qǐng bǎ shū hé shang
请把书合上！

6
qǐng bǎ shū běn fàng jìn shū bāo
请把书本放进书包！

xiǎo gǒu wèn lǎo shī
小狗问老师：

7
nà wǒ gàn shén me
那我干什么？

wǒ kě yǐ shàng cè suǒ ma
我可以上厕所吗？

31

New words:

1. ān 安 quiet

2. jìng 静 calm   ān jìng 安静 quiet

3. chū lai 出来 come out

4. dǎ 打 strike; hit   dǎ kāi 打开 open

5. xiě 写 write

6. rèn 认 admit; recognize

rèn zhēn 认真 earnest

7. tīng 听 listen

8. hé 合 close

9. fàng 放 put; place

10. gàn shén me 干什么 what to do

11. kě yǐ 可以 can

1 Say in Chinese.

Example:

duì bu qǐ
对不起！

32

2 Learn the characters.

bái

白

white

wū

乌

black; dark

3 CD T14 Listen to the recording. Tick what is correct and cross what is incorrect.

4 Project.

Create five new kinds of stationery. Name each of your inventions.

5 Make short dialogues.

Example:

xiǎomíng　　　nà　wǒ gàn shén me
小明：那我干什么？
yé　ye　　　　nǐ　qù　zuò zuò　yè
爷爷：你去做作业。

1

2

3

4

5

6

6 CD T15 **Listen, clap and practise.**

xiǎo péng you men qǐng ān jìng
小 朋 友 们 请 安 静 ，

kuài bǎ shū běn ná chū lai
快 把 书 本 拿 出 来 ，

dǎ kāi shū rèn zhēn dú
打 开 书 ， 认 真 读 ，

kàn shuí dú de zhǔn yòu shú
看 谁 读 得 准 又 熟 。

7 **Game.**

请进！

INSTRUCTIONS:

1 The whole class may join the game.

2 When the teacher says a command, the students are expected to follow the command.

3 Those who do not follow the command are out of the game.

8 **Recite the times table on page 120.**

yī wǔ dé wǔ wǔ wǔ èr shí wǔ
一 五 得 五 ；…… 五 五 二 十 五 。

9 Say in Chinese.

Example: 铅笔 (qiān bǐ)

①

②

③

④

⑤

⑥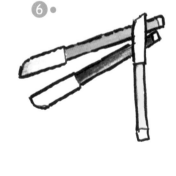

⑦

⑧

⑨

Useful words:

a) 课本 (kè běn)

b) 练习本 (liàn xí běn)

c) 日记本 (rì jì běn)

d) 彩色笔 (cǎi sè bǐ)

e) 铅笔 (qiān bǐ)

f) 蜡笔 (là bǐ)

g) 卷笔刀 (juǎn bǐ dāo)

h) 橡皮 (xiàng pí)

i) 剪刀 (jiǎn dāo)

j) 固体胶 (gù tǐ jiāo)

10 Make short dialogues.

Example:

tā zài gàn shén me
A: 她在干什么？

tā zài pǎo bù
B: 她在跑步。

 1

 2

 3

 4

 5

 6

 7

 8

 9

dì liù kè
第六课
xué chàng gē
学 唱 歌

CD T16

 1

zǎo shang bā diǎn　　mā ma dài wǒ
早 上 八 点，妈 妈 带 我

qù xué chàng gē
去 学 唱 歌。

2

shàng wǔ shí diǎn　　mā ma dài wǒ
上 午 十 点，妈 妈 带 我

qù xué tiào wǔ
去 学 跳 舞。

3

zhōng wǔ shí èr diǎn　　mā ma dài
中 午 十 二 点，妈 妈 带

wǒ qù xué huà huàr
我 去 学 画 画 儿。

④

xià wǔ liǎng diǎn　　mā ma dài
下午两点，妈妈带
wǒ qù xué lā xiǎo tí qín
我去学拉小提琴。

⑤

wǒ duì mā ma shuō　　wǒ yào zuò
我对妈妈说："我要做
xiǎo bái tù　　wǒ kě yǐ chī chi hē
小白兔。我可以吃吃喝
hē　　shén me dōu bú yòng zuò
喝，什么都不用做！"

New words:

zǎo shang
① 早上 (early) morning

chàng
② 唱 sing

gē　　chàng gē
③ 歌 song　唱歌 sing

shàng wǔ
④ 上午 morning; forenoon

wǔ　　tiào wǔ
⑤ 舞 dance　跳舞 dance

zhōng wǔ
⑥ 中午 noon

huà
⑦ 画 draw; paint

huà huàr
画画儿 draw or paint pictures

xià wǔ
⑧ 下午 afternoon

tí　　xiǎo tí qín
⑨ 提 carry; lift　小提琴 violin

lā xiǎo tí qín
拉小提琴 play the violin

bú yòng
⑩ 不用 need not

1 Make short dialogues.

nǐ yào chuān yǔ xié
你要穿雨鞋。

Example:

mā ma　　nǐ yào chuān yǔ xié
妈妈：你要穿雨鞋。

ér zi　　bú yòng　　chuān pí xié jiù kě yǐ le
儿子：不用，穿皮鞋就可以了。

❶
zài xiāng gǎng nǐ yào shuō hàn yǔ
在香港你要说汉语。

❷
nǐ yào yòng cǎi sè bǐ huà huàr
你要用彩色笔画画儿。

❸
nǐ yào yòng shēng cài zuò shā lā
你要用生菜做沙拉。

❹
nǐ míng tiān yào zǎo diǎnr　　qǐ chuáng
你明天要早点儿起床。

Answers:

bú yòng　　wǒ yòng huáng gua yě kě yǐ
a) 不用，我用黄瓜也可以。

bú yòng　　wǒ kě yǐ yòng qiān bǐ huà
b) 不用，我可以用铅笔画。

bú yòng　　bā diǎn qǐ chuáng jiù kě yǐ le
c) 不用，八点起床就可以了。

bú yòng　　shuō yīng yǔ yě kě yǐ
d) 不用，说英语也可以。

yào
要 need; should

bú yòng
不用 need not

40

2 CD T17 **Listen, clap and practise.**

xīng qī liù　　　wǒ zhēn máng
星期六，我真忙：
shàngwǔ yào qù xué tiào wǔ
上午要去学跳舞，
xià wǔ yào qù xué huà huàr
下午要去学画画儿，
wǎn shang hái yào lā tí qín
晚上还要拉提琴。

3 CD T18 **Listen to the recording. Tick what is correct and cross what is incorrect.**

4 Match the caption with the picture.

5 小鸡问母鸡："我可以去游泳吗？"
母鸡对小鸡说："不可以。"

小鸡问母鸡："我可以飞吗？"母鸡
对小鸡说："不可以。你不会飞。"

小鸡问母鸡："我可以吃猫食吗？"
母鸡对小鸡说："不可以。"

小鸡问母鸡："我可以在公路上走走
吗？"母鸡对小鸡说："不可以。"

小鸡问母鸡："我可以吃小虫子
吗？"母鸡高兴地对小鸡说："这下
对了。可以。"

42

5 Project.

Create a story like the one on page 42. Draw a series of pictures and write the captions to describe them.

6 Learn the characters.

mǎ

马

horse

①

②

niǎo

鸟

bird

7 Say the time in Chinese.

zǎo shang bā diǎn	shàngwǔ	zhōngwǔ shí èr diǎn	xià wǔ	wǎn shang liù diǎn
早 上 八 点	上 午	中 午 十 二 点	下 午	晚 上 六 点

zǎo shang liù diǎn bàn

Example: 6:30 → 早 上 六 点 半

① 5:30 →
② 7:15 →
③ 9:25 →
④ 11:00 →

⑤ 12:45 →
⑥ 16:55 →
⑦ 18:30 →
⑧ 20:50 →

8 Make short dialogues.

tā men zài gàn shén me
A: 他们在干什么？

tā men zài chàng gē
B: 他们在唱歌。

9 Recite the times table on page 120.

yī liù dé liù   liù liù sān shí liù
一六得六 ； …… 六六三十六 。

10 Make short dialogues.

Example:

nà wǒ gàn shén me
A: 那我干什么 ？

nǐ kuài qù xǐ liǎn   shuā yá
B: 你快去洗脸、刷牙 。

dì qī kè
第七课
cháng tuǐ wū guī
长腿乌龟

CD T19

zài dòng wù yuán li　　dì di wèn le hěn duō wèn tí
1 在动物园里，弟弟问了很多问题。

wū guī tuǐ duǎn　　cháng tuǐ wū guī
2 "乌龟腿短。长腿乌龟
huì hǎo kàn mā
会好看吗？"

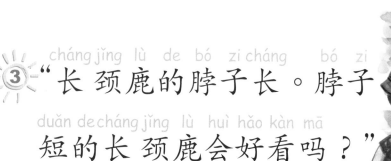

cháng jǐng lù de bó zi cháng　　bó zi
3 "长颈鹿的脖子长。脖子
duǎn de cháng jǐng lù huì hǎo kàn mā
短的长颈鹿会好看吗？"

46

dà xīngxing méi wěi ba   yǒu wěi ba
④ "大猩猩没尾巴。有尾巴
de xīngxing huì hǎo kàn mā
的猩猩会好看吗？"

hé mǎ de tóu hěn dà   xiǎo tóu
⑤ "河马的头很大。小头
hé mǎ huì hǎo kàn mā
河马会好看吗？"

New words:

① 题 problem 问题 question

② 龟 tortoise; turtle
乌龟 tortoise

③ 好看 good-looking; pretty

④ 颈 neck

⑤ 鹿 deer

长颈鹿 giraffe

⑥ 脖 neck 脖子 neck

⑦ 猩 orangutan
大猩猩 gorilla

⑧ 尾 tail 尾巴 tail

⑨ 河 river 河马 hippopotamus

1 Describe the pictures.

Example:

shī zi tóu shang de máo hěn cháng　　shì jīn huáng sè de

狮子头上的毛很长，是金黄色的。

tā de zuǐ ba hěn dà　　tā xǐ huan chī ròu

它的嘴巴很大。它喜欢吃肉。

48

2 **Learn the characters.**

zhuǎ

爪

claw

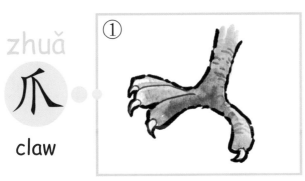

①

②

guā

瓜

melon

3 CD T20 **Listen, clap and practise.**

chángtuǐ wū guī bù hǎo kàn
长 腿 乌 龟 不 好 看 ，

duǎn bó zi cháng jǐng lù zhēn nán kàn
短 脖 子 长 颈 鹿 真 难 看 ！

rú guǒ hé mǎ tóu hěn xiǎo
如 果 河 马 头 很 小 ，

nǐ shuō hǎo kàn bù hǎo kàn
你 说 好 看 不 好 看 ？

4 **Recite the times table on page 120.**

yī qī dé qī   qī qī sì shí jiǔ
一 七 得 七 ；…… 七 七 四 十 九 。

5 CD T21 Listen to the recording. Tick what is correct and cross what is incorrect.

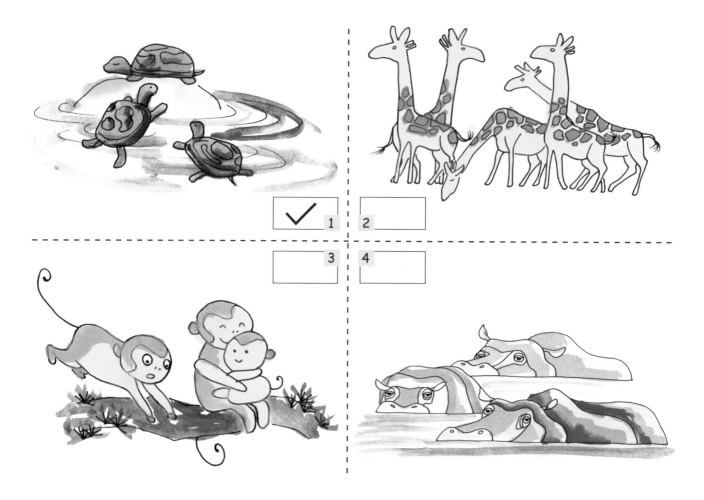

✓ 1 ⬜ 2

⬜ 3 ⬜ 4

6 Game.

它有四条腿。它的眼睛圆圆的……

7 Ask your classmates the following questions.

nǐ cháng qù dòng wù yuán ma   nǐ cháng qù kàn shén me dòng wù

1) 你常去动物园吗？你常去看什么动物？

nǐ men jiā yǎng chǒng wù ma

2) 你们家养宠物吗？

nǐ men jiā yǎng le shén me chǒng wù   yǎng le jǐ nián le

3) 你们家养了什么宠物？养了几年了？

nǐ xǐ huan huà dòng wù ma   xǐ huan huà shén me dòng wù

4) 你喜欢画动物吗？喜欢画什么动物？

8 Project.

Design a zoo with the following animals. Introduce your zoo to the class.

mǎ gǒu māo niǎo shé
马 狗 猫 鸟 蛇

yú wū guī hóu zi dà xiàng
鱼 乌龟 猴子 大象

hēi xióng xióng māo lǎo hǔ
黑熊 熊猫 老虎

shī zi cháng jǐng lù dà xīng xing
狮子 长颈鹿 大猩猩

hé mǎ shù xióng xiǎo huā lù
河马 树熊 小花鹿

dì bā kè
第八课
xiǎo gǒu de zhōu mò
小·狗的周末

CD T22

1 wǒ zhī dao xiǎo gǒu wèi shén me bù xǐ huan guò zhōu mò
我知道小狗为什么不喜欢过周末。

2 yīn wèi bà ba mā ba dài wǒ
因为爸爸、妈妈带我
qù diàn yǐng yuàn kàn diàn yǐng xiǎo
去电影院看电影，小
gǒu bù kě yǐ qù
狗不可以去！

3 wǒ men qù chāo shì mǎi
我们去超市买
dōng xi xiǎo gǒu bù
东西，小狗不
kě yǐ qù
可以去！

52

4 我们去饭店吃饭，小狗也不可以进去。
wǒ men qù fàn diàn chī fàn   xiǎo gǒu yě bù kě yǐ jìn qu

New words:

1 为 for (the purpose of)
wèi

为什么 why
wèi shén me

2 周 week
zhōu

3 末 end 周末 weekend
mò   zhōu mò

4 因 because 因为 because
yīn   yīn wèi

5 院 a public place
yuàn

电影院 cinema
diàn yǐng yuàn

6 超 super
chāo

7 市 market
shì

超市 supermarket
chāo shì

8 买 buy
mǎi

9 东西 stuff; thing
dōng xi

10 店 shop; store
diàn

饭店 restaurant; hotel
fàn diàn

1 Say in Chinese.

1. fàn diàn 饭店
2. huā diàn 花店
3. gōng yuán 公园
4. yóu yǒng chí 游泳池
5. diàn yǐng yuàn 电影院
6. chǒng wù diàn 宠物店
7. jiā jù diàn 家具店
8. wán jù diàn 玩具店
9. cài shì chǎng 菜市场
10. gāo bǐng diàn 糕饼店
11. shuǐ guǒ diàn 水果店
12. dòng wù yuán 动物园
13. yǎn jìng diàn 眼镜店
14. yī yuàn 医院
15. xié diàn 鞋店

2 Learn the characters.

jīn
金
gold

①

②

chē
车
vehicle

3 CD T23 Listen, clap and practise.

xiǎo gǒu bú ài guò zhōu mò
小狗不爱过周末，

qí zhōng yuán yīn yǒu hěn duō
其中原因有很多：

tā bù néng jìn chāo shì
它不能进超市，

bù néng jìn diàn yǐng yuàn
不能进电影院，

yě bù néng guàng shāng diàn
也不能逛商店，

nǐ shuō tā gāi zěn me bàn
你说它该怎么办？

4 Recite the times table on page 120.

yī bā dé bā   bā bā liù shí sì
一八得八；……八八六十四。

5 CD T24 **Listen to the recording. Tick what is correct and cross what is incorrect.**

6 **Game.**

INSTRUCTIONS:

1 The teacher prepares some cards with Chinese words on them.

2 Each student gets a card and he has to walk around to find other students with matching words to form a sentence.

7 Make short dialogues.

huā diàn
花店

A: 在花店，你可以买到什么？
zài huā diàn　　nǐ kě yǐ mǎi dào shén me

B: 可以买到花。
kě yǐ mǎi dào huā

1

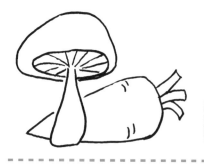

cài shìchǎng
菜市场

2

wén jù diàn
文具店

3

jiā jù diàn
家具店

4

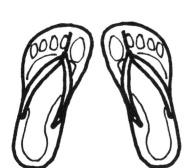

xié diàn
鞋店

5

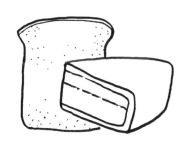

gāo bǐng diàn
糕饼店

6

shuǐ guǒ diàn
水果店

8 Say in Chinese.

Example:

zhí   qǔ
直 / 曲

9 Game.

你早饭吃什么?

面包和鸡蛋。

INSTRUCTIONS:

1 The whole class may join the game.

2 The teacher asks a question, and the student chosen answers it.

3 Those who do not answer the questions logically are out of the game.

58

10 Ask your classmates the following questions.

nǐ jīn nián jǐ suì le　　nǐ shàng jǐ nián jí
1) 你今年几岁了？你上几年级？

nǐ shì nǎ guó rén　　nǐ huì shuō shén me yǔ yán
2) 你是哪国人？你会说什么语言？

nǐ dào guo shén me guó jiā　　nǐ zuì xǐ huan nǎ ge guó jiā
3) 你到过什么国家？你最喜欢哪个国家？

nǐ xǐ huan chàng gē ma　　nǐ huì lā xiǎo tí qín ma
4) 你喜欢唱歌吗？你会拉小提琴吗？

zhōu mò nǐ cháng cháng qù nǎr　　wán
5) 周末你常常去哪儿玩？

nǐ cháng qù dòng wù yuán ma　　nǐ jiā yǎng chǒng wù ma
6) 你常去动物园吗？你家养宠物吗？

jīn tiān jǐ yuè jǐ hào　　jīn tiān xīng qī jǐ
7) 今天几月几号？今天星期几？

jīn tiān tiān qì hǎo ma　　lěng ma
8) 今天天气好吗？冷吗？

11 Project.

Create your dream city and introduce it to the class.

dì jiǔ kè
第九课
wǒ jiā fù jìn
我家附近

wǒ jiā fù jìn yǒu
我家附近有

yī yuàn
医院、

wán jù diàn
玩具店、

biàn lì diàn
便利店、

ér tóng fú zhuāng diàn
儿童服装店、

huǒ chē zhàn děng děng
火车站等等。

上海第六医院

快乐玩具店

24便利店

火车站

60

yóu lè yuán lí wǒ jiā bù yuǎn　　wǒ xǐ huan qù nà li wán
游乐园离我家不远。我喜欢去那里玩。

New words:

① 附 fù be close to; be near

② 近 jìn near　附近 fù jìn nearby

③ 便 biàn handy　便利 biàn lì convenient
便利店 biàn lì diàn convenient shop

④ 医院 yī yuàn hospital

⑤ 站 zhàn station

⑥ 火车 huǒ chē train

火车站 huǒ chē zhàn train station

⑦ 童 tóng child　儿童 ér tóng children

⑧ 装 zhuāng clothing　服装 fú zhuāng clothing

⑨ 玩具 wán jù toy

⑩ 游乐园 yóu lè yuán amusement park

⑪ 离 lí off; away

⑫ 远 yuǎn far

1 Say in Chinese.

1. kuài cān diàn 快餐店
2. diàn yǐng yuàn 电影院
3. wén jù diàn 文具店
4. dòng wù yuán 动物园
5. yóu lè yuán 游乐园
6. shuǐ guǒ diàn 水果店
7. chāo shì 超市
8. gōng gòng qì chē zhàn 公共汽车站
9. shū diàn 书店
10. fàn diàn 饭店
11. xué xiào 学校
12. biàn lì diàn 便利店
13. yī yuàn 医院
14. ér tóng fú zhuāng diàn 儿童服装店
15. huǒ chē zhàn 火车站

2 Learn the characters.

fāng
方
square

①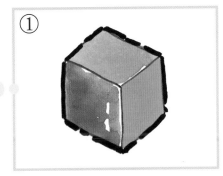

②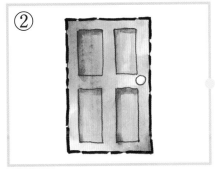

mén
门
door

3 🔊T26 Listen, clap and practise.

wǒ jiā zhù de dì fang hěn fāng biàn
我家住的地方很方便。

fù jìn yǒu
附近有：

yī yuàn chāo shì biàn lì diàn
医院、超市、便利店，

fàn diàn shū diàn wán jù diàn
饭店、书店、玩具店，

yóu lè yuán hé huǒ chē zhàn
游乐园和火车站，

dōu lí wǒ jiā bú tài yuǎn
都离我家不太远。

4 Project.

Draw the place where you live and its surroundings. Describe it to the class.

5 CD T27 Listen to the recording. Tick what is correct and cross what is incorrect.

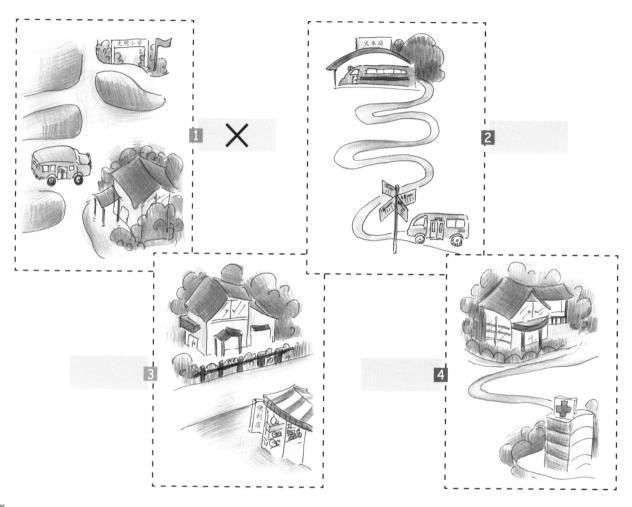

6 Say a few sentences about yourself. Try to use the phrases in the box.

Phrases:

zuì xǐ huan
1) 最喜欢

hěn xǐ huan
2) 很喜欢

xǐ huan
3) 喜欢

bú tài xǐ huan
4) 不太喜欢

bù xǐ huan
5) 不喜欢

zuì bù xǐ huan
6) 最不喜欢

Example:

wǒ zuì xǐ huan qù wán jù diàn mǎi wán
我最喜欢去玩具店买玩
jù   wǒ xǐ huan qù kuài cān diàn chī hàn
具。我喜欢去快餐店吃汉
bǎo bāo   shǔ tiáoděng
堡包、薯条等……

7 Game.

Example:

pí xié
皮鞋

INSTRUCTIONS:

1 The class is divided into small groups.

2 Each group is asked to add one word to form a phrase. The students may write pinyin if they cannot write characters.

3 The group making more correct phrases than any other groups wins the game.

8 Ask your classmates the following questions.

nǐ jiā fù jìn yǒu shén me diàn
1) 你家附近有什么店？

nǐ zuì xǐ huan qù shén me diàn　　qù mǎi shén me
2) 你最喜欢去什么店？去买什么？

nǐ cháng cháng qù wán jù diàn ma　　qù mǎi shén me wán jù
3) 你常 常去玩具店吗？去买什么玩具？

nǐ cháng qù shū diàn ma　　qù mǎi shén me shū
4) 你常去书店吗？去买什么书？

nǐ de xué xiào lí nǐ jiā jìn ma
5) 你的学校离你家近吗？

9 Recite the times table on page 120.

yī jiǔ dé jiǔ　　　　jiǔ jiǔ bā shí jī
一九得九；……九九八十一。

dì shí kè
第十课
wǒ zhǎng dà hòu
我长大后

mèi mei cháng shuō
1 妹妹 常 说：

wǒ bù xǐ huan dài fu　　tā zǒng shì gěi wǒ yào chī
"我不喜欢大夫。他总是给我药吃。

wǒ zhǎng dà hòu bú zuò dài fu
我长大后不做大夫。"

2

wǒ bù xǐ huan hù
"我不喜欢护

shi　　　tā zǒng shì gěi wǒ
士。她总是给我

dǎ zhēn　　wǒ zhǎng dà hòu
打针。我长大后

bú zuò hù shi
不做护士。"

③
wǒ xǐ huan sī jī
"我喜欢司机。
tā zǒng shì gěi wǒ kāi
他总是给我开
chē wǒ zhǎng dà hòu zuò
车。我长大后做
sī jī
司机。"

④
wǒ xǐ huan fú wù yuán tā zǒng shì gěi wǒ táng chī wǒ zhǎng
"我喜欢服务员。她总是给我糖吃。我长
dà hòu zuò fú wù yuán
大后做服务员。"

New words:

1 夫 _fū_ husband; man   大夫 _dài fu_ doctor

2 总 _zǒng_ always   总是 _zǒng shì_ always

3 给 _gěi_ give

4 药 _yào_ medicine

5 长 _zhǎng_ grow   长大 _zhǎng dà_ grow up

6 护 _hù_ protect; guard

7 士 _shì_ a person trained in a certain field
　　护士 _hù shi_ nurse

8 针 _zhēn_ needle
　　打针 _dǎ zhēn_ give or have an injection

9 司 _sī_ take charge of   司机 _sī jī_ driver

10 开车 _kāi chē_ drive a car or train

11 务 _wù_ affair; business

12 员 _yuán_ a person engaged in a certain field of activity
　　服务员 _fú wù yuán_ attendant

---

1 Look, read and match.

1

2

3

4

5

6

7

8

3 a) 老师 _lǎo shī_

☐ b) 大夫 _dài fu_

☐ c) 学生 _xué sheng_

☐ d) 护士 _hù shi_

☐ e) 病人 _bìng rén_

☐ f) 司机 _sī jī_

☐ g) 厨师 _chú shī_

☐ h) 服务员 _fú wù yuán_

68

2 Group work: add a part to complete each character and write its meaning.

1) 吃 eat

2) 宀 ____

3) 父 ____

4) 禾 ____

5) 人 ____

6) 士 ____

7) 欠 ____

8) 页 ____

9) 纟 ____

3 Learn the characters.

ér
儿
child

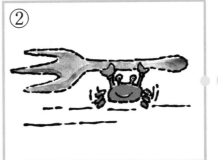

chā
叉
fork

4 Say the numbers according to the patterns.

1) èr sì
二、四 ·· èr shí 二十

2) sān wǔ
三、五 ··· èr shí yī 二十一

3) jiǔ shí jiǔ jiǔ shí bā
九十九、九十八 ·························· qī shí 七十

4) liù shí wǔ shí jiǔ
六十、五十九 ····························· sì shí 四十

69

5 🔘T29 Listen, clap and practise.

nǐ zhǎng dà le zuò shén me
你 长 大 了 做 什 么 ？

wǒ xiǎng dāng yī shēng
我 想 当 医 生 ，

yě xiǎng dāng hù shi
也 想 当 护 士 ，

hái xiǎng dāng sī jī
还 想 当 司 机 ，

huò zhě dāng lù shī
或 者 当 律 师 。

6 🔘T30 Listen to the recording. Tick what is correct and cross what is incorrect.

1 ✓   2 ☐

3 ☐   4 ☐

7 Game.

Group 1

Group 2

8 Ask your classmates the following question.

nǐ zhǎng dà hòu xiǎng zuò shén me gōng zuò
你长大后想做什么工作？

wǒ xiǎng zuò
我想做……

```
• • • • • • • • • • • • • • • • • • • • • • • •
• Extra words:
•
•      jīng lǐ                    jǐng chá
• a 经理 manager       e 警察 policeman
•
•    gōng chéng shī              lù shī
• b 工程师 engineer     f 律师 lawyer
•
•    jiàn zhù shī               yín háng jiā
• c 建筑师 architect     g 银行家 banker
•
•      yǎn yuán                 fēi xíng yuán
• d 演员 actor          h 飞行员 pilot
• • • • • • • • • • • • • • • • • • • • • • • •
```

Report back to the class:

wǔ ge xué sheng xiǎng zuò yī shēng
五个学生想做医生。

liù ge xué sheng xiǎng
六个学生想……

9 Say in Chinese.

bà ba
爸爸

mā ma
妈妈

IT IS YOUR TURN! Draw your family tree and introduce each family member to the class.

10 Ask your classmates the following questions.

nǐ zǎoshang yì bān jǐ diǎn qǐchuáng
1) 你早上一般几点起床？

nǐ měi tiān zěn me shàng xué
2) 你每天怎么上学？

nǐ cháng chángdài fàn qù xué xiào chī ma
3) 你常 常带饭去学校吃吗？

nǐ men jiā zǒng shì mā ma zuò wǎn fàn ma
4) 你们家总是妈妈做晚饭吗？

nǐ zhǎng dà hòu xiǎng zuò shén me gōng zuò
5) 你长大后想做什么工作？

72

11 Say one sentence for each picture.

Example:

yī shēng zài yī yuàn gōng zuò
医生 在医院 工作。

1

2

3

4

5

6

12 Project.

Draw two things you would like to invent. Tell the class about your inventions.

dì shí yī kè
第十一课
mā ma zuò cài
妈妈做菜

CD T31

wǒ mā ma bú huì zuò cài
1 我妈妈不会做菜。

tā jīn tiān zuò le yí ge cài
2 她今天做了一个菜！

lǐ miàn yǒu xī lán huā　　qín cài　　mó gu　　xī hóng
3 里面有西兰花、芹菜、蘑菇、西红
shì　　qīng cài hé là jiāo
柿、青菜和辣椒。

74

④

wǒ wèn mā ma　　　zhè shì shén
我 问 妈 妈 ： "这 是 什

me cài　　tài nán chī le
么 菜 ？ 太 难 吃 了 ！"

New words:

① zuò cài
做菜 cook dishes

② lǐ miàn
里面 inside

③ lán
兰 orchid　xī lán huā
西兰花 broccoli

④ qín
芹 celery　qín cài
芹菜 celery

⑤ mó
蘑 mushroom

⑥ gū
菇 mushroom

mó gu
蘑菇 mushroom

⑦ shì
柿 persimmon　xī hóng shì
西红柿 tomato

⑧ qīng
青 blue; green

qīng cài
青菜 green vegetables

⑨ là
辣 hot; peppery

⑩ jiāo
椒 any of hot spice plants

là jiāo
辣椒 chilli; pepper

⑪ nán
难 hard; difficult

1 Look, read and match.

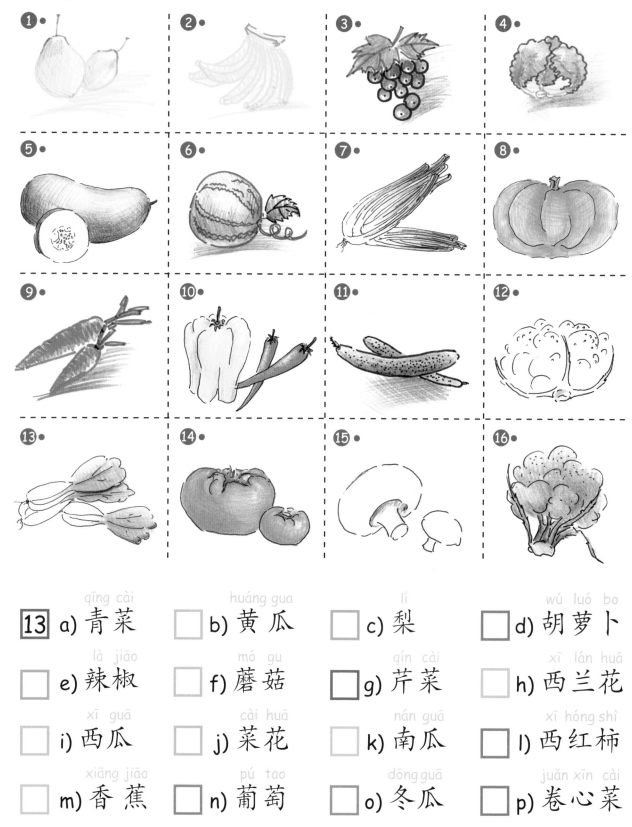

❶ ❷ ❸ ❹
❺ ❻ ❼ ❽
❾ ❿ ⓫ ⓬
⓭ ⓮ ⓯ ⓰

qīng cài
13 a) 青菜

huáng gua
b) 黄瓜

lí
c) 梨

wú luó bo
d) 胡萝卜

là jiāo
e) 辣椒

mó gu
f) 蘑菇

qín cài
g) 芹菜

xī lán huā
h) 西兰花

xī guā
i) 西瓜

cài huā
j) 菜花

nán guā
k) 南瓜

xī hóng shì
l) 西红柿

xiāng jiāo
m) 香蕉

pú tao
n) 葡萄

dōng guā
o) 冬瓜

juǎn xīn cài
p) 卷心菜

76

2 Learn the characters.

niú
牛
ox

①

②

yáng
羊
sheep

3 CD T32 Listen, clap and practise.

jīn tiān xīng qī rì
今天星期日，

mā ma lái zuò cài
妈妈来做菜：

qīng cài chǎo qín cài
青菜炒芹菜，

là jiāo chǎo mó gu
辣椒炒蘑菇，

xī lán huā chǎo xī hóng shì
西兰花炒西红柿，

nán chī nán chī zhēn nán chī
难吃，难吃，真难吃！

4 Say in Chinese.

Example:

èr líng líng liù nián
二〇〇六年

yī yuè shí hào
一月十号

xīng qī èr
星期二

1) February 15, 2006

2) Monday, July 8

3) December 25, 2007

5 (CD) T33 **Listen to the recording. Tick what is correct and cross what is incorrect.**

6 **Ask your classmates the following questions.**

shén me dōng xi nán kàn   shén me dōng xi hǎo kàn
1) 什么东西难看？什么东西好看？

shén me dōng xi nán chī   shén me dōng xi hǎo chī
2) 什么东西难吃？什么东西好吃？

shén me zì nán xiě   shén me zì hǎo xiě
3) 什么字难写？什么字好写？

7 **Project.**

Create three new kinds of plant by combining one vegetable with one fruit. Name each of your inventions.

8 Game.

INSTRUCTIONS:

1 The class is divided into small groups.

2 Each group is asked to write radicals.

3 The group writing more correct radicals than any other groups wins the game.

9 Make short dialogues.

zuò shuǐ guǒ shā lā   yào yòng shén me
Example: A: 做水果沙拉要用什么？

yào yòngpíng guǒ   lí   jú zi   xiāng jiāo hé cǎo méi
B: 要用苹果、梨、桔子、香蕉和草莓。

Tasks:

shēngcài shā lā
1) 生菜沙拉

hàn bǎo bāo
2) 汉堡包

qiǎo kè lì dàn gāo
3) 巧克力蛋糕

bǐ sà bǐng
4) 比萨饼

rè gǒu
5) 热狗

huǒ tuǐ nǎi lào sān míng zhì
6) 火腿奶酪三明治

10 Answer the following questions.

nǐ men yì jiā rén xǐ huan chī shén me
1) 你们一家人喜欢吃什么？

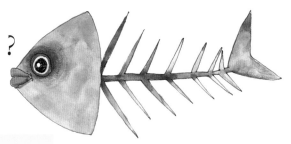

tā men bù xǐ huan chī shén me
2) 他们不喜欢吃什么？

dì shí èr kè
第十二课
kǎo yā hǎo chī
烤鸭好吃

CD T34

 1 běi jīng kǎo yā hǎo chī
北京烤鸭好吃！

2 bái cài zhū ròu jiǎo zi
白菜猪肉饺子
hǎo chī
好吃！

3 cài ròu hún tun yě hǎo chī
菜肉馄饨也好吃！

④
tiān yī wèn mā ma　　　zòng zi
天一问妈妈："粽子
lǐ yǒu shén me
里有什么？"

⑤
mā ma dà jiào le qǐ lai
妈妈大叫了起来：
bù hǎo le　　　lǐ miàn yǒu yì
"不好了！里面有一
tiáo xiǎo chóng zi
条小虫子。"

New words:

kǎo
① 烤 bake; roast

yā
② 鸭 duck

kǎo yā
烤鸭 roast duck

bái cài
③ 白菜 Chinese cabbage

jiǎo
④ 饺 a kind of dumpling

jiǎo zi
饺子 dumpling

hún tun
⑤ 馄饨 wonton

zòng zi
⑥ 粽子 a pyramid-shaped dumpling made of glutinous rice wrapped in reed leaves

1 Look, read and match.

10 a) 香肠 *xiāng cháng* ☐ b) 炒饭 *chǎo fàn* ☐ c) 牛排 *niú pái* ☐ d) 鸡蛋 *jī dàn*

☐ e) 薯片 *shǔ piàn* ☐ f) 饺子 *jiǎo zi* ☐ g) 薯条 *shǔ tiáo* ☐ h) 粽子 *zòng zi*

☐ i) 馄饨 *hún tun* ☐ j) 鸡汤 *jī tāng* ☐ k) 白菜 *bái cài* ☐ l) 饼干 *bǐng gān*

☐ m) 面包 *miàn bāo* ☐ n) 酸奶 *suān nǎi* ☐ o) 牛奶 *niú nǎi* ☐ p) 北京烤鸭 *běi jīng kǎo yā*

2 Learn the characters.

mǐ
米
rice

① ②

ròu
肉
meat

3 ⓒⒹⓉ35 Listen, clap and practise.

zòng zi li fàng le bīng qí lín
粽子里放了冰淇淋，

jiǎo zi li fàng le qiǎo kè lì
饺子里放了巧克力，

hún tun li fàng le xī hóng shì
馄饨里放了西红柿，

nǐ shuō hǎo chī bù hǎo chī
你说好吃不好吃？

4 Ask your classmates the following questions.

nǐ zǎo shang yì bān jǐ diǎn qǐ chuáng   nǐ chī zǎo fàn ma
1) 你早上一般几点起床？你吃早饭吗？

nǐ chī shén me
你吃什么？

nǐ wǔ fàn yì bān chī shén me   nǐ wǎn fàn yì bān chī shén me
2) 你午饭一般吃什么？你晚饭一般吃什么？

nǐ wǎn shang yì bān jǐ diǎn shuì jiào
3) 你晚上一般几点睡觉？

5 Say one sentence about each picture.

Useful words:

a) 上面 shàng mian

b) 下面 xià mian

c) 里面 lǐ miàn

d) 外面 wài mian

e) 前面 qián mian

f) 后面 hòu mian

g) 左面 zuǒ miàn

h) 右面 yòu miàn

Example: 巧克力在铁盒子里（面）。
qiǎo kè lì zài tiě hé zi lǐ miàn

84

6 CD T36 **Listen to the recording. Tick what is correct and cross what is incorrect.**

7 **Ask your classmates the following questions.**

nǐ xǐ huan chī jiǎo zi ma　　nǐ xǐ huan chī hún tun ma
1) 你喜欢吃饺子吗？你喜欢吃馄饨吗？

nǐ xǐ huan chī xī cān ma　　xǐ huan chī shén me xī cān
2) 你喜欢吃西餐吗？喜欢吃什么西餐？

nǐ xǐ huan chī shén me shuǐ guǒ
3) 你喜欢吃什么水果？

nǐ xǐ huan chī shén me shū cài
4) 你喜欢吃什么蔬菜？

nǐ huì zuò fàn ma　　huì zuò shén me
5) 你会做饭吗？会做什么？

8 Game.

INSTRUCTIONS:

1 One student guesses the food his classmate likes to eat.

2 His classmate says either "correct" or "incorrect".

9 Group work: write a word and its meaning for each radical.

1) 烤 _____ bake; roast

2) _____

3) _____

4) 木 _____

5) _____

6) _____

7) 纟 _____

8) 月 _____

9) 立 _____

10 Say in Chinese.

Example: 14:20 → 下午两点二十分
xià wǔ liǎng diǎn èr shí fēn

❶ 7:30 → _____   ❷ 10:05 → _____   ❸ 12:45 → _____   ❹ 5:50 → _____

❺ 21:15 → _____   ❻ 8:00 → _____   ❼ 11:25 → _____   ❽ 19:15 → _____

11 Draw a picture according to the description below. Add more things if you would like to and colour the picture.

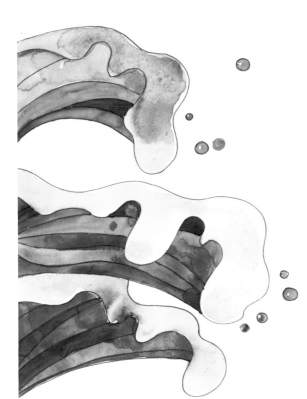

lán sè de dà hǎi　huǒ hóng de tài
蓝色的大海、火红的太
yáng　lǜ sè de xiǎoshān　qīng qing de
阳、绿色的小山、青青的
cǎo dè　lù lù de shù　bái sè de
草地、绿绿的树、白色的
shā tān　zōng sè de xiǎo wū　huáng sè
沙滩、棕色的小屋、黄色
de xiǎo jī
的小鸡……

12 Project.

Draw the favourite food your mother often cooks for you. Introduce it to the class.

dì shí sān kè
第十三课
wǒ kě le
我渴了！

1

wǒ kě le　　wǒ yào hē shuǐ
我渴了！我要喝水。

3

wǒ bǎo le　　wǒ bú yào chī le
我饱了！我不要吃了。

2

wǒ è le　　wǒ yào chī fàn
我饿了！我要吃饭。

④

wǒ yào shàng cè suǒ
我要上厕所。

⑤
wǒ chī wán le　wǒ yào chū qu wán
我吃完了！我要出去玩。

New words:

kě
① 渴 thirsty

è
② 饿 hungry

bǎo
③ 饱 be full; have enough

wán
④ 完 finish

chū qu
⑤ 出去 go out

1 Look, read and match.

6 a) 渴 kě   ☐ b) 饱 bǎo   ☐ c) 累 lèi   ☐ d) 高兴 gāo xìng   ☐ e) 安静 ān jìng

☐ f) 冷 lěng   ☐ g) 热 rè   ☐ h) 饿 è   ☐ i) 生气 shēng qì   ☐ j) 可爱 kě ài

2 Ask your classmates the following questions.

1) 你今年几岁？你上几年级？
nǐ jīn nián jǐ suì   nǐ shàng jǐ nián jí

2) 你会说什么语言？你想学什么语言？
nǐ huì shuō shén me yǔ yán   nǐ xiǎng xué shén me yǔ yán

3) 你喜欢上什么课？你不喜欢上什么课？
nǐ xǐ huan shàng shén me kè   nǐ bù xǐ huan shàng shén me kè

90

3 Learn the characters.

yú
鱼
fish

①

②

sè
色
colour

4  CD T38 Listen, clap and practise.

kě le　　yào hē shuǐ
渴了，要喝水，

è le　　yào chī fàn
饿了，要吃饭，

bǎo le　　fàng xia wǎn
饱了，放下碗，

chī wán　　chū qu wán
吃完，出去玩。

5 Recite the times table on page 120.

yī liù dé liù　　　　　liù liù sān shí liù
一六得六；……六六三十六。

6 Say in Chinese.

Useful phrases:

a) 渡船 dù chuán

b) 汽车 qì chē

c) 校车 xiào chē

d) 地铁 dì tiě

e) 小巴 xiǎo bā

f) 飞机 fēi jī

g) 火车 huǒ chē

h) 电车 diàn chē

i) 走路 zǒu lù

j) 出租车 chū zū chē

k) 自行车 zì xíng chē

l) 公共汽车 gōng gòng qì chē

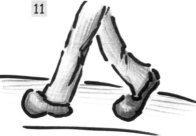

7 Game.

INSTRUCTIONS:

1 The whole class may join the game.

2 One student comes to the front and imitates an animal. The rest of the class guesses what the animal is.

8 Say in Chinese.

Example: 刀 (dāo)

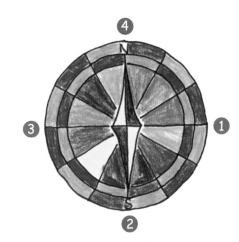

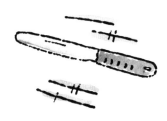

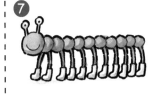

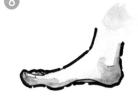

93

9 Colour the picture and describe it in Chinese.

zhè ge xué xiào yǒu jiào xué lóu
这个学校有教学楼、……

10 (CD)T39 **Listen to the recording. Tick what is correct and cross what is incorrect.**

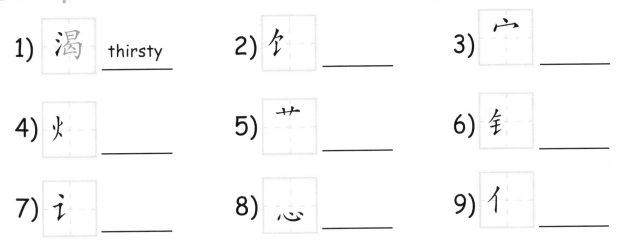

11 Group work: write a word and its meaning for each radical.

1) 渴 _thirsty_

2) 饣 _____

3) 宀 _____

4) 火 _____

5) 艹 _____

6) 钅 _____

7) 氵 _____

8) 心 _____

9) 亻 _____

12 Project.

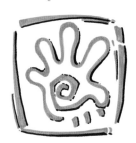

Create a story between an elephant and a monkey and draw a series of pictures to illustrate it. Tell the story to the class.

dì shí sì kè
第十四课
máo máo chóng
毛毛虫

CD T40

wài mian tài rè le
外面太热了！

máo máo chóng cóng shù shang pá dao le yáng tái
1 毛毛虫从树上爬到了阳台。

zhè li yě hěn rè
这里也很热！

zhè li bù liáng kuai
这里不凉快！

tā pá shang le shū jià
2 它爬上了书架。

tā pá shang le bīng xiāng
3 它爬上了冰箱。

zhè li tài lěng le
这里太冷了！

tā pá jìn le kōngtiáo
④ 它爬进了空调。

tā yòu pá dao le dì shang
⑤ 它又爬到了地上。

xiǎo jī kàn dao máo máochóng
⑥ 小鸡看到毛毛虫
xiǎng chī tā
想吃它。

máo máo chóngshuō bié
⑦ 毛毛虫说："别
chī wǒ wǒ shēnshang de
吃我。我身上的
máo bù hǎo chī
毛不好吃！"

wài mian
① 外面 outside

máo máo chóng
② 毛毛虫 catepillar

cóng
③ 从 from

pá
④ 爬 crawl

yáng
⑤ 阳 sun

tái   yáng tái
⑥ 台 platform   阳台 balcony

jià   shū jià
⑦ 架 stand; rack   书架 bookshelf

xiāng   bīng xiāng
⑧ 箱 box   冰箱 refrigerator

liáng kuai
⑨ 凉快 nice and cool

kōng
⑩ 空 air

tiáo
⑪ 调 adjust

kōng tiáo
空调 air-conditioner

---

1 (CD)(T41) **Listen, clap and practise.**

máo máo chóng   zhēn pà rè
毛毛虫，真怕热！

pá shang yáng tái   zài shàng shū jià
爬上阳台，再上书架，

pá shang bīng xiāng   yòu jìn kōng tiáo
爬上冰箱，又进空调。

xiǎo jī kàn jian máo máo chóng
小鸡看见毛毛虫，

yì xīn xiǎng bǎ tā chī diào
一心想把它吃掉！

2 Look, read and match.

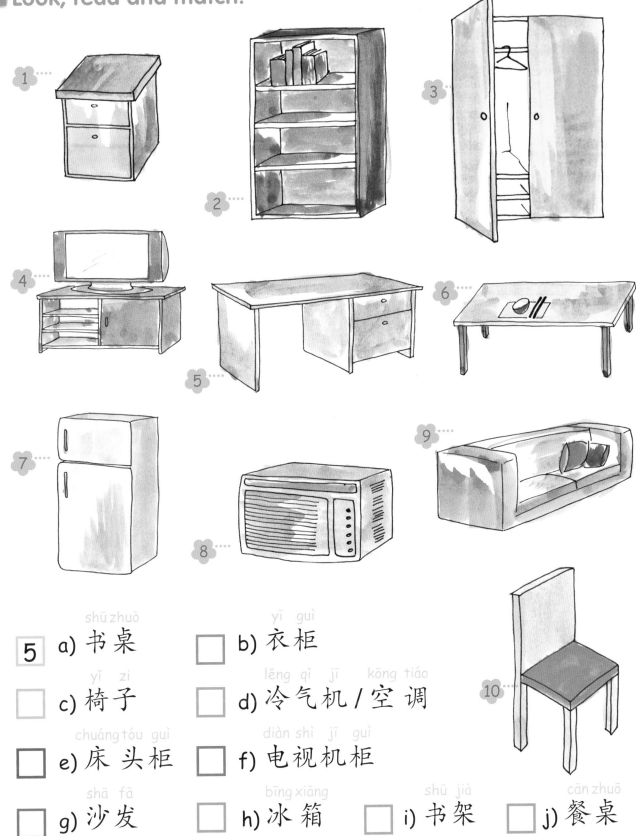

5 a) 书桌 *shū zhuō*

b) 衣柜 *yī guì*

c) 椅子 *yǐ zi*

d) 冷气机 / 空调 *lěng qì jī / kōng tiáo*

e) 床头柜 *chuáng tóu guì*

f) 电视机柜 *diàn shì jī guì*

g) 沙发 *shā fā*

h) 冰箱 *bīng xiāng*

i) 书架 *shū jià*

j) 餐桌 *cān zhuō*

3 Learn the characters.

zhōu
舟
boat

① ②

diàn
电
electricity

4 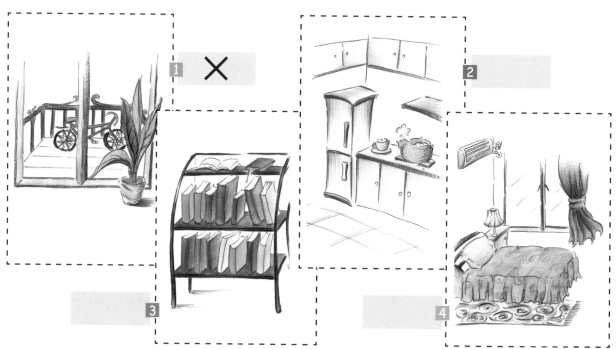 CD T42 Listen to the recording. Tick what is correct and cross what is incorrect.

1 ×

2

3

4

5 Recite the times table on page 120.

yī qī dé qī   qī qī sì shí jiǔ
一七得七；……七七四十九。

100

6 Describe the picture in Chinese.

fáng jiān li yǒu yí ge nǚ hái   hái yǒu chuáng
房间里有一个女孩，还有 床、⋯⋯

IT IS YOUR TURN!

Draw a picture which has to include everything listed in the box.

huā yuán   shù   huā   cǎo   xiǎo hé   xiǎo shān
花园（树、花、草）、小河、小山
fáng zi   mén   chuāng   kè tīng   wò shì   chú fáng   yù shì   yóu yǒng chí
房子（门、窗）、客厅、卧室、厨房、浴室、游泳池

9 a) 给 gěi b) 跳 tiào c) 走 zǒu d) 画 huà e) 写 xiě f) 看 kàn

g) 提 tí h) 爬 pá i) 拍 pāi j) 洗 xǐ k) 笑 xiào l) 哭 kū

8 Project.

Create a story between a lion and a cat and draw a series of pictures to illustrate it. Tell the story to the class.

9 Look, read and match.

6 a) 別进去，爸爸在睡觉。
bié jìn qu   bà ba zài shuì jiào

☐ b) 别吃了，你吃了一个蛋糕了。
bié chī le   nǐ chī le yí ge dàn gāo le

☐ c) 别写了，认真听。
bié xiě le   rèn zhēn tīng

☐ d) 别买了，你买了十本书了。
bié mǎi le   nǐ mǎi le shí běn shū le

☐ e) 别听了，快做作业。
bié tīng le   kuài zuò zuò yè

☐ f) 别看了，快去睡觉。
bié kàn le   kuài qù shuì jiào

IT IS YOUR TURN!

Make a sentence starting with "别"......

dì shí wǔ kè
第十五课

dì di de fáng jiān
弟弟的房间

xiǎo dì di de fáng jiān tài luàn le
1 小弟弟的房间太乱了。

shǒu biǎo zài huā píng li
2 手表在花瓶里！

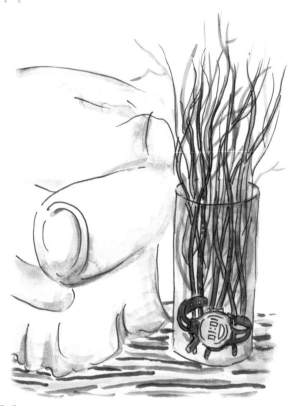

nào zhōng zài nuǎn qì piàn shàng mian
3 闹钟在暖气片上面！

104

④ xiàng kuàng zài tái dēng xià mian
相框在台灯下面！

⑤ xiǎo dì di zài nǎr
小弟弟在哪儿？

tā zài chuáng dǐ xia
他在床底下！

New words:

luàn
① 乱 messy; in a mess

biǎo   shǒubiǎo
② 表 watch   手表 watch

píng   huā píng
③ 瓶 bottle   花瓶 vase

nào
④ 闹 noisy

zhōng   nào zhōng
⑤ 钟 clock   闹钟 alarm clock

nuǎn
⑥ 暖 warm

nuǎn qì piàn
暖气片 (heating) radiator

shàng mian
⑦ 上面 over; above

xiàng
⑧ 相 picture

kuàng
⑨ 框 frame

xiàng kuàng
相框 photo frame

tái dēng
⑩ 台灯 desk lamp

xià mian
⑪ 下面 below; under

dǐ
⑫ 底 bottom

1 Look, read and match.

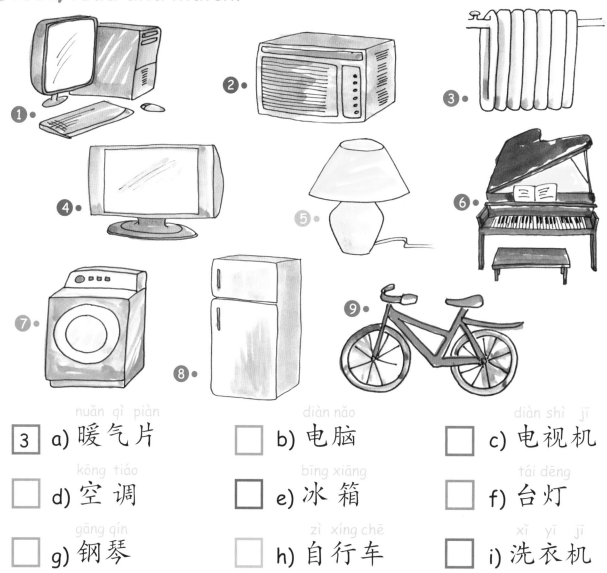

nuǎn qì piàn	diàn nǎo	diàn shì jī
[3] a) 暖气片	[ ] b) 电脑	[ ] c) 电视机
kōng tiáo	bīng xiāng	tái dēng
[ ] d) 空调	[ ] e) 冰箱	[ ] f) 台灯
gāng qín	zì xíng chē	xǐ yī jī
[ ] g) 钢琴	[ ] h) 自行车	[ ] i) 洗衣机

2 Recite the times table on page 120.

yī bā dé bā bā bā liù shí sì
一八得八；……八八六十四。

3 Learn the characters.

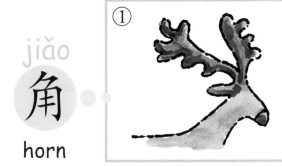

jiǎo

角

horn

①

②

fà

发

hair

4 CD T44 Listen, clap and practise.

dì di de fáng jiān kě zhēn luàn
弟 弟 的 房 间 可 真 乱 ！

shǒu biǎo bú jiàn le　　yuán lái zài huā píng li
手 表 不 见 了 ，原 来 在 花 瓶 里 。

nào zhōng bú jiàn le　　yuán lái zài shū jià shang
闹 钟 不 见 了 ，原 来 在 书 架 上 。

xiàng kuàng bú jiàn le　　yuán lái zài chuáng dǐ xia
相 框 不 见 了 ，原 来 在 床 底 下 。

5 Group work: make a question using each of the words in the box.

Example:
nǐ nǎi nai hái zài ma
你 奶 奶 还 在 吗 ？

tā zhù zài nǎr
她 住 在 哪 儿 ？

Question words:

shén me
1) 什 么

nǎr
2) 哪 儿

shuí
3) 谁

zěn me
4) 怎 么

nǎ
5) 哪

ma
6) 吗

ne
7) 呢

duō shao
8) 多 少

6 **Read the sentences, draw pictures and colour them.**

1

hàn yǔ kè běn zài cān zhuō shang
汉语课本在餐桌上。

2

qiān bǐ zài xiàng kuàng de xià mian
铅笔在相框的下面。

3

mù chuáng zài yī guì de qiánmian
木床在衣柜的前面。

4

zì xíng chē zài shā fā de hòu mian
自行车在沙发的后面。

5

bà ba zhàn zài dì di de zuǒ mian
爸爸站在弟弟的左面。

6

mā ma zuò zài mèi mei de yòu mian
妈妈坐在妹妹的右面。

7

shǒu biǎo zài huā píng li
手表在花瓶里。

8

xiǎo gǒu zài wū zi wài mian
小狗在屋子外面。

7 ⓒⓓ T45 **Listen to the recording. Tick what is correct and cross what is incorrect.**

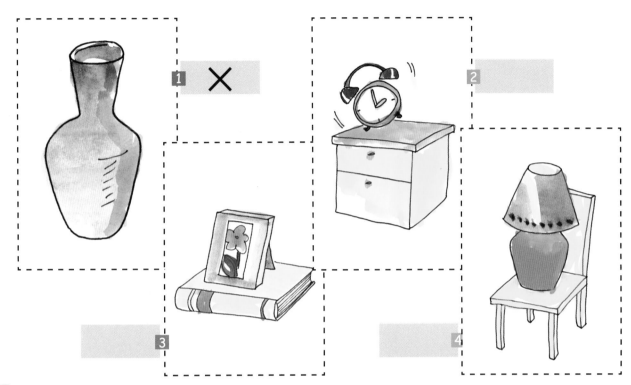

8 **Learn the following new measure words.**

1) yì zhī qiān bǐ
一支铅笔

2) yí kuài dàn gāo
一块蛋糕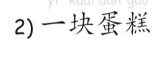

3) yì shuāng pí xié
一 双 皮 鞋

4) yì pán chǎo miàn
一盘炒面

5) yí guàn kě lè
一罐可乐

6) yí jiàn máo yī
一件毛衣

7) yí zhuàng dà lóu
一幢大楼

8) yì gēn huáng gua
一根黄瓜

9 Look, read and match.

shǒu biǎo
2 a) 手 表

nào zhōng
☐ b) 闹 钟

huā píng
☐ c) 花 瓶

xiàng kuàng
☐ d) 相 框

xiāng shuǐ
☐ e) 香 水

kǒu hóng
☐ f) 口 红

qiú pāi
☐ g) 球 拍

wán jù xióng
☐ h) 玩 具 熊

tài yáng jìng
☐ i) 太 阳 镜

10 Project.

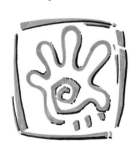

Draw your parents' room and the things in it. Describe their room to the class.

11 Game.

Example:

tā shì nǔ shēng tā de gè zi bù gāo tā de tóu
她是女生。她的个子不高。她的头

fa shì hēi sè de tā de liǎn yuán yuán de
发是黑色的。她的脸圆圆的……

> **INSTRUCTIONS:**
>
> 1 The whole class may join the game.
>
> 2 One student describes one of his/her classmates, and the rest tries to guess who he/she is.

12 Speaking practice.

Example:

wǒ dì di měi tiān zǎo shang qī diǎn qǐ
我弟弟每天早上七点起

chuáng tā zǎo shang bù xǐ zǎo tā měi
床。他早上不洗澡。他每

tiān chī zǎo fàn tā zǎo fàn chī mǐ fàn
天吃早饭。他早饭吃米饭

hé shuǐ guǒ tā wǎn shang bā diǎn
和水果。……他晚上八点

shuì jiào
睡觉。

IT IS YOUR TURN!

Present your daily schedule to the class.

dì shí liù kè
第十六课
chī fàn yào yòng wǎn
吃饭要用碗

CD T46

shuā yá yào yòng yá shuā　　yá gāo
1 刷牙要用牙刷、牙膏。

xǐ tóu yào yòng xǐ fà yè
2 洗头要用洗发液。

xǐ zǎo yào yòng yù yè
3 洗澡要用浴液。

shū tóu yào yòng shū zi
4 梳头要用梳子。

6 吃饭要用碗、筷。
（chī fàn yào yòngwǎn kuài）

5 喝水要用杯子。
（hē shuǐ yào yòng bēi zi）

7 我问妈妈："养狗要用什么？"妈妈说："要用心！"
（wǒ wèn mā ma yǎng gǒu yào yòng shén me mā ma shuō yào yòng xīn）

New words:

1 牙刷 toothbrush （yá shuā）

2 膏 paste （gāo） 牙膏 toothpaste （yá gāo）

3 洗头 wash one's hair （xǐ tóu）

4 液 liquid （yè） 洗发液 shampoo （xǐ fà yè）
浴液 bath liquid soap （yù yè）

5 梳 comb （shū） 梳子 comb （shū zi）

6 梳头 comb one's hair （shū tóu）

6 杯 cup （bēi） 杯子 cup （bēi zi）

7 碗 bowl （wǎn）

8 筷 chopsticks （kuài）
筷子 chopsticks （kuài zi）

9 用心 with care （yòng xīn）

1 Say in Chinese.

2 Learn the characters.

shū
书
book

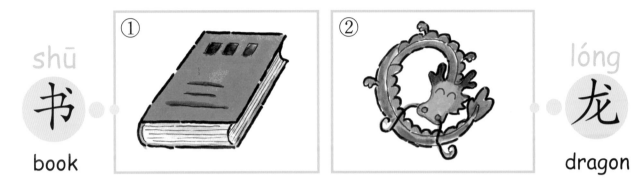

① ②

lóng
龙
dragon

3 ⒸⒹT47 Listen, clap and practise.

qù yóu yǒng
去游泳，
yào dài de dōng xi kě zhēn duō
要带的东西可真多：
shū zi yǒng mào yóu yǒng yī
梳子、泳帽、游泳衣，
yù jīn yù yè xǐ fà yè
浴巾、浴液、洗发液。

4 Recite the times table on page 120.

yī jiǔ dé jiǔ   jiǔ jiǔ bā shí yī
一九得九；……九九八十一。

5 Group work: fill in the blanks with the measure words in the box.

bēi	píng	hé	gè	zhī	tiáo	jiān	kē	kǒu
a) 杯	b) 瓶	c) 盒	d) 个	e) 只	f) 条	g) 间	h) 颗	i) 口

1) 一＿＿香水　　2) 两＿＿教室　　3) 三＿＿短裤

yì　xiāng shuǐ　　liǎng　jiào shì　　sān　duǎn kù

4) 四＿＿牙齿　　5) 五＿＿老师　　6) 六＿＿人

sì　yá chǐ　　wǔ　lǎo shī　　liù　rén

7) 七＿＿巧克力　8) 八＿＿可乐　　9) 九＿＿熊猫

qī　qiǎo kè lì　　bā　kě lè　　jiǔ　xióng māo

6 CD T48 Listen to the recording. Tick what is correct and cross what is incorrect.

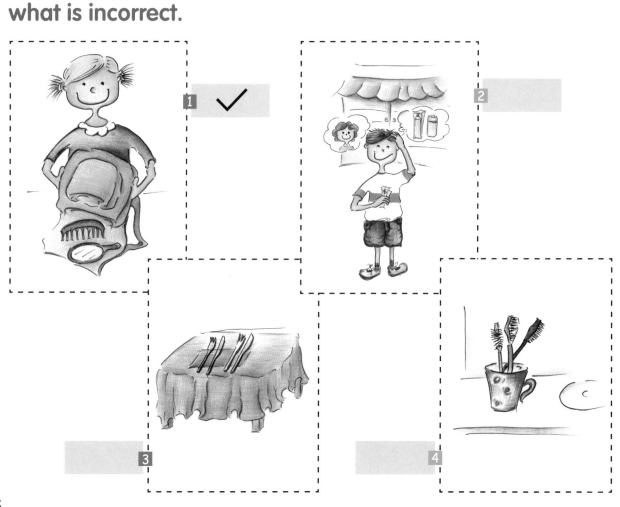

7 **Ask your classmates the following questions.**

nǐ zǎo shang yì bān jǐ diǎn qǐ chuáng
1) 你早上一般几点起床？

nǐ yì bān jǐ diǎn chī zǎo fàn
2) 你一般几点吃早饭？

nǐ yì bān jǐ diǎn chī wǔ fàn
3) 你一般几点吃午饭？

nǐ men xué xiào yì bān jǐ diǎn fàng xué   nǐ yì bān jǐ diǎn dào jiā
4) 你们学校一般几点放学？你一般几点到家？

nǐ men jiā yì bān jǐ diǎn chī wǎn fàn
5) 你们家一般几点吃晚饭？

nǐ yì bān jǐ diǎn shuì jiào
6) 你一般几点睡觉？

8 **Game.**

INSTRUCTIONS:

1 The whole class may join the game.

2 The teacher says one item in Chinese, and the students are expected to say its colour(s).

lǎo shī   xiāng jiāo
EXAMPLE: 老师：香蕉

xué sheng   lù sè
学生1：绿色

xué sheng   huáng sè
学生2：黄色

9 Say one sentence for each picture.

Example:

tái dēng zài   yǐ   zi shang
台灯在椅子上。

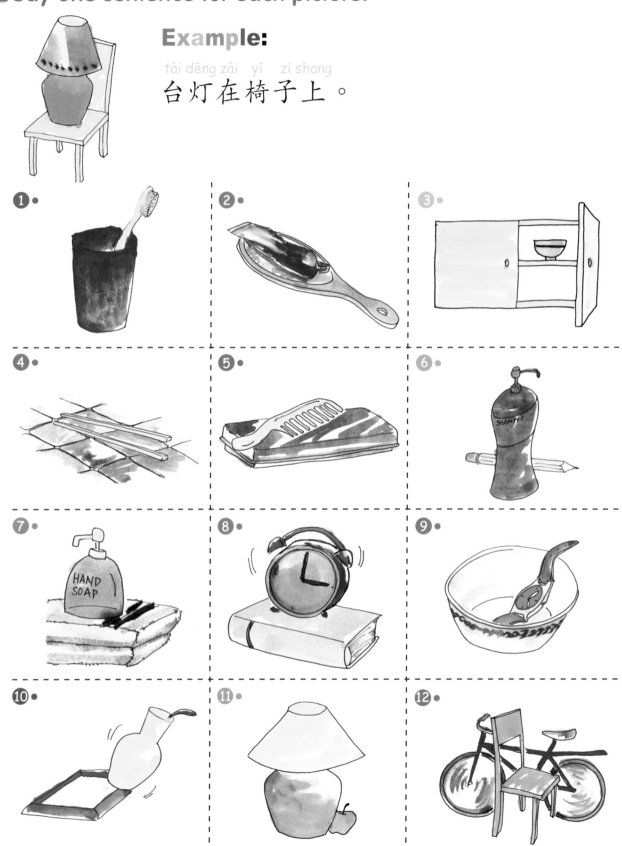

10 Answer the following questions.

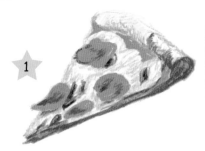

1

zuò bǐ sà bǐng yào yòng shén me
做比萨饼要用 什么？

2

zuò shuǐ guǒ shā lā yào yòng shén me
做水果沙拉要用 什么？

3

zuò qiǎo kè lì dào gāo yào yòng shén me
做巧克力蛋糕要用 什么？

4

zuò nǎi lào huǒ tuǐ sān míng zhì yào yòng shén me
做奶酪火腿三明治要用 什么？

11 Project.

Draw a birthday card and the present you want to give to your best friend. Present them to the class.

chéng fǎ kǒu jué biǎo
乘法口诀表

TIMES TABLE

yī yī dé yī
一一得一

yī èr dé èr　èr èr dé sì
一二得二　二二得四

yī sān dé sān　èr sān dé liù　sān sān dé jiǔ
一三得三　二三得六　三三得九

yī sì dé sì　èr sì dé bā　sān sì shí èr　sì sì shí liù
一四得四　二四得八　三四十二　四四十六

yī wǔ dé wǔ　èr wǔ shí　sān wǔ shí wǔ　sì wǔ èr shí　wǔ wǔ èr shí wǔ
一五得五　二五一十　三五十五　四五二十　五五二十五

yī liù dé liù　èr liù shí èr　sān liù shí bā　sì liù èr shí sì　wǔ liù sān shí　liù liù sān shí liù
一六得六　二六十二　三六十八　四六二十四　五六三十　六六三十六

yī qī dé qī　èr qī shí sì　sān qī èr shí yī　sì qī èr shí bā　wǔ qī sān shí wǔ　liù qī sì shí èr　qī qī sì shí jiǔ
一七得七　二七十四　三七二十一　四七二十八　五七三十五　六七四十二　七七四十九

yī bā dé bā　èr bā shí liù　sān bā èr shí sì　sì bā sān shí èr　wǔ bā sì shí　liù bā sì shí bā　qī bā wǔ shí liù　bā bā liù shí sì
一八得八　二八十六　三八二十四　四八三十二　五八四十　六八四十八　七八五十六　八八六十四

yī jiǔ dé jiǔ　èr jiǔ shí bā　sān jiǔ èr shí qī　sì jiǔ sān shí liù　wǔ jiǔ sì shí wǔ　liù jiǔ wǔ shí sì　qī jiǔ liù shí sān　bā jiǔ qī shí èr　jiǔ jiǔ bā shí yī
一九得九　二九十八　三九二十七　四九三十六　五九四十五　六九五十四　七九六十三　八九七十二　九九八十一